BEI GRIN MACHT SICH IHR WISSEN BEZAHLT

- Wir veröffentlichen Ihre Hausarbeit, Bachelor- und Masterarbeit

- Ihr eigenes eBook und Buch - weltweit in allen wichtigen Shops

- Verdienen Sie an jedem Verkauf

Jetzt bei www.GRIN.com hochladen und kostenlos publizieren

Bibliografische Information der Deutschen Nationalbibliothek:

Die Deutsche Bibliothek verzeichnet diese Publikation in der Deutschen Nationalbibliografie; detaillierte bibliografische Daten sind im Internet über http://dnb.d-nb.de/ abrufbar.

Dieses Werk sowie alle darin enthaltenen einzelnen Beiträge und Abbildungen sind urheberrechtlich geschützt. Jede Verwertung, die nicht ausdrücklich vom Urheberrechtsschutz zugelassen ist, bedarf der vorherigen Zustimmung des Verlages. Das gilt insbesondere für Vervielfältigungen, Bearbeitungen, Übersetzungen, Mikroverfilmungen, Auswertungen durch Datenbanken und für die Einspeicherung und Verarbeitung in elektronische Systeme. Alle Rechte, auch die des auszugsweisen Nachdrucks, der fotomechanischen Wiedergabe (einschließlich Mikrokopie) sowie der Auswertung durch Datenbanken oder ähnliche Einrichtungen, vorbehalten.

Impressum:

Copyright © 2017 GRIN Verlag, Open Publishing GmbH
Druck und Bindung: Books on Demand GmbH, Norderstedt Germany
ISBN: 9783668603066

Dieses Buch bei GRIN:

https://www.grin.com/document/384512

A. V. A. Canetti

Von Initiation zu Consideration. Generationenwechsel im Familienunternehmen

GRIN Verlag

GRIN - Your knowledge has value

Der GRIN Verlag publiziert seit 1998 wissenschaftliche Arbeiten von Studenten, Hochschullehrern und anderen Akademikern als eBook und gedrucktes Buch. Die Verlagswebsite www.grin.com ist die ideale Plattform zur Veröffentlichung von Hausarbeiten, Abschlussarbeiten, wissenschaftlichen Aufsätzen, Dissertationen und Fachbüchern.

Besuchen Sie uns im Internet:

http://www.grin.com/

http://www.facebook.com/grincom

http://www.twitter.com/grin_com

Inhaltsverzeichnis

Einleitung 2
Grundlagen und Definition 4
Bewertung der Ohio Leadership Studies 6
Befragung im Unternehmen 8
Auswertung 10
Literaturverzeichnis 11

Abkürzungsverzeichnis

IFF	Institut für Familienunternehmen
IHK	Industrie- und Handelskammer
OLG	Oberlandesgericht

Einleitung

Die Bedeutung von Familienunternehmen für die deutsche Wirtschaft ist kaum zu unterschätzen. Betrachten wir zum Einstieg einmal folgendes Beispiel:

Max und Mia sitzen am Frühstückstisch. Sie kocht eine Kanne Tschibo-Kaffee. Es ist noch ein bisschen Kuchen vom Vortag übrig, den ihre Tochter Maria gebacken hat (Dr.-Oetker-Backmischung). Der Parmaschinken, den ihr Mann so gerne ist, hat sie gestern aus der Metro geholt, Marias Lieblingsmarmelade kauft sie bei Aldi. Da klingelt der Postbote, der zwei Pakete dabei hat: Mia hat sich neue Schuhe bei Otto bestellt, und für Max' Geburtstag ein neues Buch bei Bertelsmann. Eigentlich wartet sie aber auf die neue Waschmaschine von Bosch. Deswegen schickt sie Maria zu Tengelmann und dm. Da kommt ihr Mann in die Küche: „Haben wir noch irgendwo Aspirin?" (Beiersdorf). Er nimmt also eine Kopfschmerztablette, bevor er in seinen VW steigt und zur Arbeit fährt.

Diese kleine Anekdote soll keine Schleichwerbung oder dezente Product Placement sein. Sie verdeutlicht, welch beträchtliche Rolle familiengeführte Unternehmen auf dem deutschen Markt spielen. Als Familienunternehmen gelten dabei sowohl Firmen, die komplett einer Familie gehören, als auch börsennotierte Konzerne, bei denen die Gründerfamilie mindestens ein Viertel der Anteile besitzt oder fünf Prozent der Stimmrechte hält und im Vorstand oder Aufsichtsrat sitzt.[1] Nach einer Stagnation 2013 konnten die Familienunternehmen 2014 wieder wachsen. Zusammen erzielten sie einen akkumulierten Umsatz von 959 Milliarden Euro (ein Zuwachs von 3,3 Prozent)[2], wobei die

---
[1] Lenz 1991, 53.
[2] DIHK-Report 2016.

Einzelumsätze der Firmen allerdings deutlich variierten. Generell kann man nicht sagen, dass Familienunternehmer erfolgreicher sind als Firmen ohne klaren Mehrheitseigner, die Finanzkrise hätten Firmen in Familienhand allerdings besser überstanden. Allerdings kann der Generationswechsel im Gegensatz zum außerfamiliären Führungswechsel auch problematisch sein. Ein aktuelles und prominentes Beispiel ist der Machtstreit im Schlachtereikonzern Tönnies: Seit Jahren streiten sich Clemens Tönnies und sein Neffe Robert um die Machtdominanz im Unternehmen. Allerdings wurden 2015 nur 57 Prozent der Familienunternehmen in die zweite Generation übertragen, in der dritten Generation waren es sogar nur 49 Prozent.[3] Vielfach wird es jedoch von Seniorunternehmern als Scheitern angesehen, wenn ein Fremdunternehmer als Nachfolger in Betracht gezogen werden muss, weshalb man doch eher dazu tendiert, einem (weniger qualifizierten) Familienmitglied die Führung zu übertragen.

Diese Hausarbeit soll sich jedoch präzise auf eine Sonderform des Führungswechsels, nämlich den Generationswechsel konzentrieren, bei dem ein Familienmitglied die Unternehmensführung übernimmt. In diesem Zusammenhang wird eine besondere Dimension des Führungsverhaltens herangezogen, nämlich die Consideration and Initiating Structure, wobei ersteres als mitarbeiterorientierte und letzteres als aufgabenorientierte Führung verstanden werden kann. Diese Führungsstile schließen sich jedoch nicht aus, sondern können miteinander optimiert werden. Ein hoher Grad an Consideration (Mitarbeiterorientierung) kann so beispielsweise einen starken Leistungsdruck abschwächen, der dadurch zustande kommt, wenn die

---

[3] Institut für Familienunternehmen 2016.

Unternehmensführung durch Initiating Structure (Aufgabenorientierung) geprägt ist.[4] Es ist schwierig – und möglicherweise voreilig – generalisierende Aussagen zur Überlegenheit eines dieser beiden Führungsstile zu treffen; beide Stile haben individuelle Wirkung auf Arbeitszufriedenheit und Leistung, weshalb es in den meisten Fällen als sinnvoll erachtet werden kann, beide Aspekte miteinander zu kombinieren, um einen optimalen Führungsstil zu schaffen, der auf das eigene Unternehmen ausgerichtet ist.

Grundlagen und Definition

Heutige Untersuchungen zum Thema Führungsverhalten gründen sich noch immer großteilig auf die Studien der Michigan und Ohio State University. Beide Studien stammen aus den 50er-Jahren und können als essenziell für die Entwicklung des aufgaben- und personenbezogenen Führungsstils erachtet werden. Die ausschlaggebenden Kräfte hinter dieser Forschungsreihe sind noch heute namhaft auf diesem Gebiet, z.B. Edwin A. Fleishman (Studies in Personnel and Industrial Psychology, 1967) und Andrew W. Halpin (1956). Diese Forschungsreihe ist insofern als innovativ zu bewerten, als dass man zum ersten Mal auf quantitative (im Gegensatz zu qualitativer) Forschung setzt, die mit Hilfe von Fragebögen (Leader Behavior Description Questionnaire, LBDQ) darauf zielt wünschenswertes Führungsverhalten zu identifizieren. Diese basieren auf John K. Hemphills Arbeit Situational Factors in Leadership (1949) und stellen das zentrale Instrument zur Einschätzung der Realität

---
[4] Babiak & Hare 2007, 78-80.

relevanten Führungsverhaltens. Im Zusammenhang mit den Ohio State Leadership Studies sind zusätzlich zu Hemphill noch Alvin E. Coons (Leadership Behavior: Its Description and Measurement, 1958) und Ralph M. Stogdill (Theories and Models of Leadership and Management, 1949; The Evolution of Leadership Theory, 1975) zu nennen. Obwohl Stogdill selbst zu den Begründern der Ohio State Leadership Studies gehörte, kritisierte er später deren Ergebnisse und konzipierte 1963 den bis heute verwendeten LBDQ-XII.

Befragt wurden im Stil des LBDQ-XII zehn Mitarbeiter des Unternehmens um die jeweilige Beschwerderate für den aufgabenorientierten (Initiating Structure) und den mitarbeiterorientierten Führungsstil (Consideration) zu bestimmen. Diese beiden orthogonalen Faktoren sind die hauptsächlichen von Stogdill et. al. beschriebenen Führungsverhalten. Dabei konzentriert sich ersteres auf die Erreichung vorher festgelegter Ziele, wobei auch deren Definition auf dem Weg zu ihrer Erreichung Teil dieses Führungsstils sein kann. Dieser Führungsstil zeichnet sich durch seine klare Erwartungsstruktur aus: Durch die Aktivierung von Leistungspotenzial sowie verschiedene Kontroll- und Beaufsichtigungsinstrumente fordert dieses Führungsverhalten vom Mitarbeiter strikte Planvorgaben einzuhalten, typisiert sich demnach durch klare Performance Standards, Fristen und Standardverfahren.[5] Letzteres ist vermehrt auf den Gruppenzusammenhalt ausgelegt. Hier ist es von übergeordneter Bedeutung, dass der Mitarbeiter sich im Unternehmen und von seinem Vorgesetzten geschätzt fühlt. Eine Unternehmensstruktur, die durch Offenheit, Zugang und Kommunikationsbereitschaft geprägt ist, kommt der Zufriedenheit des

---

[5] Stogdill 1975, 34.

Mitarbeiters zugute. Die persönliche Beziehung zwischen Vorgesetztem und Mitarbeiter, z.B. der Grad an Gleichberechtigung, muss hier im Vordergrund stehen.[6] Im Rahmen dieser Hausarbeit wurde auf die Erstellung eines Fragebogens aus Arbeitgebersicht verzichtet. Es wurde bei der Konzeption des Fragebogens darauf geachtet, aus den 100 ursprünglichen Thesen Stogdills diejenigen auszuwählen, die optimal zur Unterscheidung in leistungsorientierte und rücksichtsvolle Führung geeignet sind. Stogdills Auswertung umfasst neben Inititiating Structure und Consideration noch zehn weitere Kategorien von Führungsverhalten. Um den Fokus nur auf die beiden bereits erwähnten Führungsstile legen zu können, schien an dieser Stelle eine Reduzierung der Fragebögen auf 40 Fragen sinnvoll.

BEWERTUNG DER OHIO LEADERSHIP STUDIES

Nun handelt es sich bei den Prinzipien Initiating Structure und Consideration natürlich nur um ein Modell, d.h. hier wird nicht die tatsächliche Implementierung im Unternehmen dargelegt, sondern lediglich eine Idealsituation beschrieben. Es ist unzweifelhaft, dass der Forscher hier auf erhöhtes Konfliktpotenzial stößt: Zuallererst sind die herangezogenen Faktoren vergleichsweise heterogen, darüber hinaus bewerten verschiedene Mitarbeiter den gleichen Vorgesetzten natürlich höchst unterschiedlich.[7] Die Annahme, dass Consideration die Zufriedenheit der Mitarbeiter ins Unermessliche steigert, Initiating Structure hingegen die Leistung optimiert ist jedoch eine

---

[6] Ebd. 87f.
[7] Müller, 2015, 45.

Fehlinterpretation. Studien von Fleishman zeigten deutlich, dass die Korrelation zwischen Mitarbeiterorientierung bzw. Leistungsorientierung und Mitarbeiterzufriedenheit bzw. Beschwerderate delikater ist als zunächst angenommen.[8] Empirisch gesehen ist ein hoher Grad an Mitarbeiterorientierung mit einer eher niedrigen Beschwerderate und eine hohe Aufgabenorientierung mit einer wachsenden Beschwerderate in zusammenhangen zu bringen. Allerdings ist dabei zu beachte, dass bei hoher bzw. niedriger Mitarbeiterorientierung eine Erhöhung der Initiating Structure keine relevanten Veränderungen in der Mitarbeiterzufriedenheit nach sich

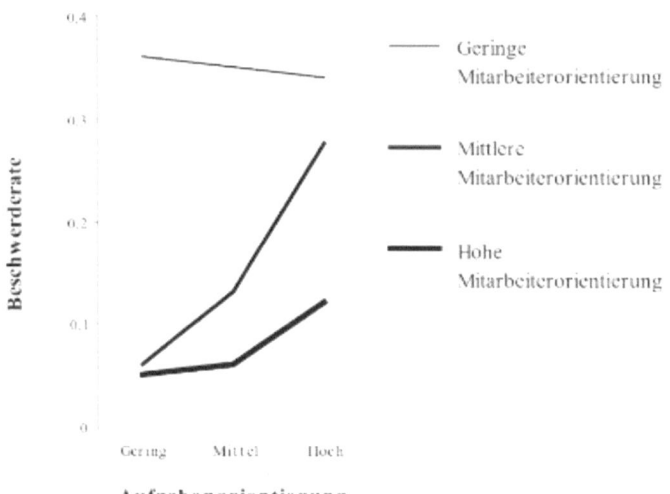

Abbildung 1 Wechselwirkung zwischen Führungsstil und Beschwerderate

zieht.[9] Eine wachsende Aufgabenorientierung wirkt sich lediglich dann erkennbar auf die Beschwerderate aus, wenn zuvor mit einem mittleren Grad an Consideration geführt wurde.

Die These, dass ein optimaler Führungsstil im Rahmen der Ohio State

---
[8] Fleishman 1967, 102-104.
[9] Seibt 2015.

Leadership Studies aus einer Kombination aus Consideration und Initiating Structure besteht, ist also insofern zu relativieren, als dass der Aspekt der rücksichtsvollen Führung (Mitarbeiterorientierung) als Grundlage für eine erfolgreiche Führung betrachtet werden muss. Ist also bereits die Tendenz eine mitarbeiterorientierte, fällt die Ablehnung von Anpassungen im Rahmen leistungsorientierter Führung wesentlich geringer aus. Nur bei geringer Mitarbeiterorientierung erhöht sich die Beschwerderate unabhängig von der Dimension der Implementierung eines aufgabenbezogeneren Führungsstils.[10]

BEFRAGUNG IM UNTERNEHMEN

Die Fragebögen basieren zwar auf Stogdills LBDQ-XII, wurden aber gemäß der Sonderform des Unternehmens (italienisches Restaurant/Eisdiele) verändert. Stichprobenweise wurden zehn Mitarbeiter, die im Unternehmen verschiedene Aufgabenbereiche abdecken, ausgewählt. Ihnen wurde jeweils ein Fragebogen mit 40 Statements vorgelegt, die für Vorgesetzten A und B beantwortet werden sollten. Dabei wurde Stogdills Bewertungsschema verwendet, nach dem die Probanden die verschiedenen Items nach ihrer Häufigkeit einschätzen: (A) immer, (B) oft, (C) hin und wieder, (D) selten, (E) nie. Bei der Auswertung werden pro Aussage ein bis fünf Punkte vergeben, wobei für (A) fünf Punkte vergeben werden. Sechs Aussagen sind negativ formuliert, dementsprechend ist bei den Items Nr. 3, 7, 12, 18, 20, 30 und 36 auf eine umgekehrte Punktevergabe zu

---

[10] Kasper & Mayrhofer 2013, 56.

achten, d.h. fünf Punkte werden für (E)vergeben.

Nimmt man ein, dass Vorgesetzter A ausschließlich nach der Initiating Structure und Vorgesetzter B nach dem Prinzip Consideration handelt, wären minimal 40 und maximal 200 Punkte zu erreichen. In der Praxis stellte sich später heraus, dass einige Probanden bei einigen Items, die für sie in keiner Weise auf einen Vorgesetzten zutrafen, gar keine Punkte vergaben. Das arithmetische Mittel ergibt bei Vorgesetztem A einen Wert von 99 Punkten und bei Vorgesetztem B einen Wert von 179 Punkten. Zunächst einmal sei hier also festzuhalten, dass eine generelle positive Tendenz gegenüber dem mitarbeiterorientierten Führungsstil besteht. Items, die klar aufgaben- oder mitarbeiterbezogen interpretiert werden können (Tut Mitarbeitern persönliche Gefallen.), werden mehrheitlich mit der höchster oder niedrigsten Punktzahl bewertet, wohingegen Items, die weniger klar auf einen der beiden Führungsstile hinweisen (Regiert mit eiserner Faust./Hält sich abseits.) größtenteils mit drei Punkten bewertet wurden. Bei Vorgetztem A wurde besonders die fast schon diktatorische Führungsweise bemängelt, wohingegen gleichzeitig auffiel, dass der Großteil der Geführten ihn als häufig abwesend bewertete. Er zeichnete sich vor allem durch klare Anweisungen aus, die vom Personal ganzheitlich zu befolgen seien, allerdings ergab sich ebenfalls aus den Fragebögen, dass die Entscheidungen des Vorgesetzten übermäßig getroffen wurden ohne andere Mitglieder der Unternehmenskette zu Rate zu ziehen.

Bei den Fragebögen zu Vorgesetztem B ist ein umgekehrtes Phänomen zu erkennen. Hier werden zwar auch aufgabenbezogenen Items recht hoch bewertet, alle Statements, die stark mitarbeiterbezogen geprägt sind, erhalten allerdings ebenfalls eine hohe Bewertung.

Die entspricht der Theorie von Fleishman, dass bei bereits bestehender Mitarbeiterorientierung, die nicht nur als mittelmäßig aufgefasst wird, eine Erhöhung des Aspekts der Aufgabenorientierung, z.B. die Ankündigung einer Veränderung, die einem erhöhten Kontrollgrad dient.

Auswertung

Nachdem die Ohio Leadership Studies in den 50er-Jahren die grundlegende Theorie zur Bestimmung von Führungsverhalten waren, wurde sie in den 90er-Jahren verstärkt starker Kritik ausgesetzt. Verschiedene Wissenschaftler sahen einen weitaus geringeren Zusammenhang zwischen den erwähnten praktizierten Führungsstilen und der Effektivität von Führungskräften. Die Unterscheidung in leistungsorientierte und rücksichtsvolle Führung wird heute nicht mehr als relevant für eine realistische Bewertung von Führung betrachtet.

Was jedoch in jedem Fall aus dieser Erhebung zu entnehmen ist, ist die Notwendigkeit für den Vorgesetzten eine sinnvolle Kombination aus Initiating Structure und Consideration zu wählen, um die Motivation der Mitarbeiter sich in den täglichen Arbeitsablauf einzubringen zu erhöhen und ihnen einen ausreichenden Grad an Wertschätzung zukommen zu lassen.

Literaturverzeichnis

Monographien

- Babiak, Paul & Hare, Robert D. 2007: Snakes in Suits: When Psychopaths Go To Work. New York: Harper Business.
- Blessin, Bernd & Wick, Alexander 2017: Führen und Führen Lassen. Konstanz: UVK.
- Coons, Alvin E. 1985: Leadership Behavior: Its Description and Measurement
- Fleishman, Edwin A. 1967: Studies in Personnel and Industrial Psychology
- Hemphill, John K. 1949: Situational Factors in Leadership
- Kasper, Helmut & Mayrhofer, Wolfgang 2013: Personalmanagement – Führung – Organisation. Berlin: Linde.
- Stogdill, Ralph 1949: Theories and Models of Leadership and Management. 1975: The Evolution of Leadership Theory

Sammelwerke

- Lenz, Gerhard (Hrsg.) 1991: Die Seele im Unternehmen: Psychoanalytische Aspekte von Führung und Organisation. Berlin/Heidelberg: Springer-Verlag.
- Müller, Nicolai & Jäger, Clemens (Hrsg.) 2015: WERTEorientierte Führung von Familienunternehmen. Straelen/Essen: Springer Gabler.

Internetquellen

- Deutscher Industrie- und Handelskammertag 2016: Wachsende Herausforderung – zunehmendes Übernahmeinteresse. DIHK-Report zur Unternehmensnachfolge 2016. Zahlen und Einschätzungen der IHK-Organisation zum Generationswechsel

in Deutschen Unternehmen. Berlin. https://goo.gl/q9ep6i
- Institut für Familienunternehmen 2016: Große deutsche Familienunternehmen mit kräftigem Wachstum. Stuttgart. https://goo.gl/jbdn9p
- Seibt, Philipp 2015: *Atlas Deutscher Familienunternehmen: Der Süden tüftelt, der Norden handelt.* Spiegel Online (08.07.2015). https://goo.gl/xXgPYy

BEI GRIN MACHT SICH IHR WISSEN BEZAHLT

- Wir veröffentlichen Ihre Hausarbeit, Bachelor- und Masterarbeit

- Ihr eigenes eBook und Buch - weltweit in allen wichtigen Shops

- Verdienen Sie an jedem Verkauf

Jetzt bei www.GRIN.com hochladen und kostenlos publizieren